犀犀的煩惱

學習手冊

孟瑛如、王銘涵　著

U0065244

本學習手冊可單獨添購
意者請洽本公司

 心理出版社

作者簡介

孟瑛如

新竹教育大學特殊教育學系教授。
希望「融合之愛系列」繪本能讓大
家看見孩子的特殊學習需求,讓孩
子可以做最好的自己。

王銘涵

桃園市幸福國中特教老師。因為與特殊需
求孩子結緣而感到喜樂,又常常因為特殊
需求孩子被周遭的人們誤解而難受。期盼
藉由「融合之愛系列」繪本,能讓大眾同
理、尊重、包容與接納,讓特殊需求孩子
也能自在生活與學習。

目錄

編輯緣由

王銘涵

　　筆者與視障生緣起十年前。當初對於視障生的認識只是特教導論中的一個篇章，等到實際要服務視障生時，才真正感到恐慌，但有賴桃園縣立興南國中視障巡迴老師團隊的支援服務，這十年來，才能在不損害學生權益下，一同陪伴視障生成長。

　　一直以來，筆者都認為個人對於視障生服務的考慮十分周全，對於孩子有時候的「不領情」感到困惑，直至在台南大學修視障學分班時，本身為視障的江英傑老師和我們分享個人經驗，筆者才明白：我們常常以個人想法去協助視障人士，從未想過自己一味的付出是否真正是對方實際的需求，甚至是否造成對方的困擾；等修完視障學分再次回到校園服務時，才發現目前服務的視障生常礙於怕造成他人困擾，對於旁人過多的協助或是個人真正的需求都不敢主動提出。因此，當孟瑛如老師提出要編輯一系列的繪本時，筆者馬上想到是否能協助視障生主動提出需求，且旁人也能在理解視障生之下給予其真正需要的協助。

　　本學習手冊除了可應用繪本之外，亦搭配一系列的引導單，使用時無須每一頁都採用，可依個人需求選取。

　　若班級需安置視障生時，可依下列流程實施：

一　班級宣導：影片欣賞與身心障礙體驗活動

二　繪本欣賞：搭配引導單應用

三　追蹤檢視成效

學習手冊架構表

犀犀的煩惱：學習手冊	
編輯緣由	要考慮自己的付出是否是對方真正的需要？……
使用說明	先以繪本點出主題為「視障生的需求」，再藉由視障相關影片與身心障礙體驗，引導出視障生的特質與需求。本學習手冊分四大向度（個案、同儕、家長、學校），使用者可依個別需求取捨應用。
繪本內容概述	以犀犀為主角，點出視障生在學習與生活可能面臨的問題，同儕雖熱心協助，但因未考慮到視障者本身真正需求而引起之困擾。

引導單

使用對象	個案				同儕	家長	學校		
							導師	任課老師	輔導或特教
內容	自我認識 (1-1)				認識特質 (2-1)	提供資料 (3-1)	蒐集資料 (4-1-1)	觀察學生 (4-2-1)	蒐集資料 (4-3-1)
	釐清困難處 (1-2)				同理 (2-2)	親師合作 (3-2)	認識特質 (4-1-2)	尋求協助 (4-2-2)	彙整資料 (4-3-2)
	尋求協助 (1-3)				支持與協助 (2-3)	回饋支持 (3-3)	尋求協助 (4-1-3)	課程作業調整 (4-2-3)	提供策略 (4-3-3)
	父母 (1-3-1)	好友 (1-3-2)	任課老師 (1-3-3)	專業老師 (1-3-4)			宣導 同儕家長 (4-1-4-1)	宣導 任課老師 (4-1-4-2)	支持與協助 (4-3-4) 追蹤 (4-3-5)

註：表格內的編號即為引導單之編號。

自我解析

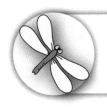

我是：＿＿＿＿＿＿＿＿＿＿＿＿＿＿＿

目前就讀：＿＿＿＿＿＿＿＿＿＿＿＿＿

我的視力狀況：

我的特殊需求：

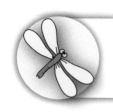

我的煩惱

課ㄎㄜ業ㄧㄝ上ㄕㄤ

行ㄒㄧㄥ動ㄉㄨㄥ上ㄕㄤ

交ㄐㄧㄠ友ㄧㄡ上ㄕㄤ

還ㄏㄞ有ㄧㄡ其ㄑㄧ他ㄊㄚ地ㄉㄧ方ㄈㄤ，我ㄨㄛ也ㄧㄝ感ㄍㄢ到ㄉㄠ有ㄧㄡ點ㄉㄧㄢ困ㄎㄨㄣ惑ㄏㄨㄛ：

Please help me !

　　人生存在這個世界上，常常會遇到種種問題與困難，有時候我們可以一個人解決，但多數時間我們得仰賴周遭的人來幫忙。因此當我們遇到困難，而且發現自己無法解決時，可以尋找周遭的親朋好友甚至陌生人幫忙。當我們想尋求協助時，面對不同的問題與求助對象，需使用不同的方式，以下將分為家長、好友（或同儕）、任課老師（或喜愛的老師），以及專業老師（輔導老師或特教老師或視障巡迴老師）等對象來做練習。

 ## 爸爸、媽媽，請聽我說……

想一想 哪些問題與困境可以先尋求父母協助？

怎麼做 我要怎麼向父母求助？

開始做 我可以這麼做：

親愛的朋友，我需要你的幫忙

可以找好友或是同學解決的問題有：

好友或是同學可以這樣幫助我……

＿＿＿＿＿老師，我需要您的幫忙

可ㄎㄜˇ以ㄧˇ找ㄓㄠˇ老ㄌㄠˇ師ㄕ解ㄐㄧㄝˇ決ㄐㄩㄝˊ的ㄉㄜ˙問ㄨㄣˋ題ㄊㄧˊ有ㄧㄡˇ：

老ㄌㄠˇ師ㄕ可ㄎㄜˇ以ㄧˇ這ㄓㄜˋ樣ㄧㄤˋ幫ㄅㄤ助ㄓㄨˋ我ㄨㄛˇ……

＿＿＿＿老師，我需要您的幫忙

可以找輔導老師或特教老師（含視障巡迴老師）幫忙解決的問題有：

輔導或特教老師（含視障巡迴老師）可以這樣幫助我……

認識視覺障礙

我知道有名的視障人士有：

我心目中對視障人士的想法：

我認為視障人士在生活與學習上，可能有哪些困難？

10

感同身受

我在特教宣導影片中看到了……

我的感想是……

在身心障礙體驗活動中，我的感受是……

我的感想是……

與你同行

現在我知道視障人士在生活與學習上，會遭遇到哪些困境？

我覺得我可以提供視障人士哪些協助？

資料提供

我的孩子是：＿＿＿＿＿＿＿＿＿＿（姓名）

目前就讀於：＿＿＿＿＿＿＿＿＿

之前就讀於：＿＿＿＿＿＿＿＿＿

過去醫療史：

曾接受的特教服務類型與內容有：

我的孩子就學可能面臨到的困難有：

親師合作

我的孩子是：＿＿＿＿＿＿＿＿＿＿＿（姓名）

目前就讀於：＿＿＿＿＿＿＿＿＿＿＿

目前是否接受特教資源？＿＿＿＿＿＿＿＿＿＿＿

目前是否接受視障巡迴服務？＿＿＿＿＿＿＿＿＿＿＿

服務時數與時段：＿＿＿＿＿＿＿＿＿＿＿

目前的導師是：＿＿＿＿＿＿＿＿＿＿＿（姓名）

導師任教科目：＿＿＿＿＿＿＿＿＿＿＿

導師任教年資：＿＿＿＿＿＿＿＿＿＿＿

導師是否曾經輔導過特殊需求學生？＿＿＿＿＿＿＿＿＿＿＿

導師是否曾經輔導過視障學生？＿＿＿＿＿＿＿＿＿＿＿

學校是否有特教老師？＿＿＿＿＿＿＿＿＿＿＿

特教老師是否輔導過視障學生？＿＿＿＿＿＿＿＿＿＿＿

若家長遇到困惑，學校可提供服務與聯繫的單位及人員為：＿＿＿＿＿＿＿＿＿＿＿

聯繫電話：＿＿＿＿＿＿＿＿＿＿＿

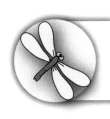

回饋與支持

學校老師或視障巡迴老師曾提供的服務與建議有：

實行後的結果：

建議：

蒐集資料

自我解析

導師的特教相關背景

☐ 曾修過特教 3 學分

☐ 曾修過特教與輔導相關學分

☐ 未曾修過相關學分

輔導身心障礙學生的經驗

☐ 曾輔導過身心障礙學生

　　障礙類別／程度：＿＿＿＿＿＿＿＿＿＿＿

☐ 從未輔導過身心障礙學生

目前入班學生中之身心障礙學生調查

人數：＿＿＿＿＿＿＿＿＿

障礙類別與程度：＿＿＿＿＿＿＿＿＿＿＿＿＿

學生是否直接接受資源班服務或其他相關特教服務（如：視障巡迴服務等）

☐ 有　☐ 無　接受資源班服務

☐ 有　☐ 無　接受其他特教相關服務（如：視障巡迴服務等）

班上是否有其他學生與該身心障礙學生認識

☐ 曾與該生過去教育階段同班階段類別：＿＿＿＿＿＿＿＿

☐ 曾是該生的小天使（或是協助之人）

☐ 與該生是朋友

☐ 認識該生但不是朋友

☐ 全班同學皆不認識該生

可請輔導室協助調閱個案相關資料（如：輔導資料／IEP 等）

認識視覺障礙

何謂視覺障礙？

（此部分資料可上網蒐尋「視覺障礙」相關字、或詢問資源班老師、視障巡迴老師）

目前入班之視覺障礙學生的障礙狀況：

（此部分資料可詢問家長、學生本身、資源班老師或視障巡迴老師）

目前入班之視覺障礙學生在學校生活上可能面臨的問題：

（此部分資料可詢問家長、學生本身、過去的同儕、資源班老師或視障巡迴老師）

目前入班之視覺障礙學生在學校學習上可能面臨的問題：

（此部分資料可詢問家長、學生本身、過去的同儕、資源班老師或視障巡迴老師）

尋求協助

目前入班視障生的安置管道是特殊教育管道者：

（已完成者請打勾）

☐ 輔導室相關組長已告知

☐ 轉銜會議已完成

☐ 資源班老師已提供相關彙整資料

☐ 視障巡迴老師已提供相關資訊

☐ 家長已提供相關資訊

☐ 其他＿＿＿＿＿＿＿＿＿＿＿＿＿＿＿＿＿＿

自我察覺學生為疑似視覺障礙者：

（已完成者請打勾）

☐ 健康中心視力檢查資料

☐ 已詢問家長或已建議家長就醫

☐ 已與資源班聯繫

特教宣導（家長與同儕）

親愛的家長您好：

　　我是＿＿年＿＿班的導師，目前本班安置一名視覺障礙學生，為了讓全班學生與家長們都能更進一步認識視障學生，以下是有關視覺障礙的介紹。

什麼是視覺障礙？

　　由於先天或後天原因，導致視覺器官之構造或機能發生部分或全部之障礙，經治療仍對外界事物無法做視覺之辨識。

　　按照「障礙」的程度，又區分為「弱視」與「全盲」。

- **弱視**：優眼最佳矯正視力測定值在 0.03 以上未達 0.3，或視野在 20 度以內者。弱視者因為視覺機能並未完全喪失，只要經由適當的輔助，如：使用大字體課本或輔視器材，仍可學習普通文字。
- **全盲**：優眼最佳矯正視力測定值未達 0.03 者。

目前本班安置視障學生之視力狀況為：＿＿＿＿＿＿＿＿＿＿＿＿＿＿＿＿＿＿

　　其實視障生在生活與學習上，除了視力上受限外，其他部分與一般學生毫無差異，家長若對視覺障礙的認識與理解仍不清楚，我們會在親職教育日做更詳盡的介紹與說明。感謝您！

　　敬祝

　　闔家安康！

　　　　　　　　　　　　　　　　　　　　＿＿＿＿＿＿學校＿＿年＿＿班

　　　　　　　　　　　　　　　　　　　　導師＿＿＿＿＿＿＿＿敬上

特教宣導（任課老師）

親愛的_____（科目）任課老師您好：

　　我是____年____班的導師，目前本班安置一名視覺障礙學生，為了讓本班的任課老師都能更進一步認識視障學生，在此做有關視覺障礙的介紹。

　　若您仍有疑惑，請洽輔導室。

什麼是視覺障礙？

　　由於先天或後天原因，導致視覺器官之構造或機能發生部分或全部之障礙，經治療仍對外界事物無法做視覺之辨識。

　　按照「障礙」的程度，又區分為「弱視」與「全盲」。

- 弱視：優眼最佳矯正視力測定值在 0.03 以上未達 0.3，或視野在 20 度以內者。

  弱視者因為視覺機能並未完全喪失，只要經由適當的輔助，如：使用大字體課本或輔視器材，仍可學習普通文字。

- 全盲：優眼最佳矯正視力測定值未達 0.03 者。

目前本班安置視障學生之視力狀況為：_____

視障學生在學習上（全面性）可能須注意的事項：

1. 教學活動中，要多用口頭陳述及說明，以幫助學生對訊息的吸收。

2. 對有整體性之知識，要注意知識之連貫性，以便於知識的統整及學習。

3. 要多用具體之實物教學。

4. 不論何種知識，設法讓視障學生有親手操作的機會。

5. 要讓視障學生多利用其殘餘視力，此不但可增進學習效果，同時也可提高其視覺效能。

6. 為使學生能看清老師的臉部表情，老師切勿站在窗戶或門口前講課。

7. 在教學過程中，要允許視障學生可以依其需要走向前看黑板上的字。

8. 體育、美術、勞作等課程，視障生一樣可以學習，不要剝奪他的學習機會。

9. 鼓勵視障學生使用光學輔視器材，提高其看的品質。

10. 注意對輔視器材的保養常識，切勿傷害光學鏡片的鏡面。

11. 將視障學生當作一般學生看待，他不需要特權，但需要隨時給予排除障礙所必要的協助。

12. 其他：因個人狀況而說明。

　　該生在＿＿＿＿＿＿＿＿＿（科目）可能遇到的困難為：＿＿＿＿＿＿＿＿＿＿，

　　如：該生有色盲，辨識顏色困難，美術老師在上色彩學時，可能需做調整等。

蒐集觀察學生上課／評量／作業的狀況

目前任教：＿＿＿＿＿＿＿＿＿＿＿＿（科目）

目前任教班級：□ 有安置身心障礙學生

障礙類別／等級：＿＿＿＿＿＿＿＿＿＿＿

□ 有疑似身心障礙學生

接觸該學生的時間：＿＿＿＿＿＿＿＿＿＿＿

上課／評量／作業繳交等方面，察覺學生疑似有：

尋求協助

在任教班級有安置視障生或是疑似視障生，經特教宣導後，仍感到疑惑，可依下列管道尋求協助：

- 班級導師
- 輔導室
- 資源班老師

- 視障巡迴老師
- 特教輔導團
- 特殊教育中心諮詢專線

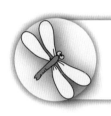

學生課程／作業調整

給＿＿＿＿＿＿＿＿（科目）老師

學生姓名：＿＿＿＿＿＿＿＿

學生的障礙／程度：＿＿＿＿＿＿＿＿＿＿＿＿＿＿＿＿＿＿＿＿

校內特殊教育團隊針對＿＿＿＿＿＿＿＿（科目）課程調整的建議：

校內特殊教育團隊針對＿＿＿＿＿＿＿＿（科目）作業調整的建議：

可蒐集身心障礙學生相關資料之管道

可蒐集資料的管道	過去的教育階段書面資料： 包含輔導紀錄、IEP 與轉銜相關資料
	過去的教育階段師長之訪談： 包含導師、任課老師、行政人員、健康中心校護與志工等
	過去的教育階段同儕之訪談： 同年段不同班級同儕（國小時與該生友好者）、同班同儕
	家長訪談與資料蒐集： 可詢問醫療史、過去的教育階段教育史、家長的期待、兄弟姊妹的關係（親疏、目前教育階段、是否同校）
	特殊教育相關服務人員訪談： 訪談前一教育階段的特教老師、醫療單位等等
	其他：

彙整資料

已彙整資料請打勾：

☐ 前階段轉銜資料（幼小→國小、國小→國中、國中→高中職等）

☐ 醫療單位相關資料

☐ 視障巡迴老師建議

☐ 專業團隊評估與建議

☐ 家訪相關資料

☐ 其他

彙整後資料，可依各不同需求整理後，轉交導師、任課老師、同儕等。

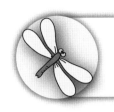

提供策略

學生姓名：＿＿＿＿＿＿＿＿＿＿＿

年級、班級：＿＿＿＿＿＿＿＿＿＿＿

學生目前接受的特教服務類型：＿＿＿＿＿＿＿＿＿＿＿

學生目前在校之生活與學習上所遭遇到的困難有：

策略建議：

（可召集學生本身／家長／導師／任課老師／視障巡迴老師／特教老師等召開會議決議之）

特教老師可以提供之協助

學習輔導

生活輔導

心理輔導

親職輔導

諮詢服務

轉銜服務

行政支援

特教知能推廣

專業資源整合服務

（可以製成小卡提供給導師／任課老師／家長／學生）

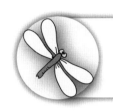

追蹤

學生姓名：＿＿＿＿＿＿＿＿＿＿＿

年級、班級：＿＿＿＿＿＿＿＿＿＿＿＿

目前接受的特教類型：＿＿＿＿＿＿＿＿＿＿＿＿＿＿

服務時間至今（指本階段）：＿＿＿＿＿＿＿＿＿＿＿＿

接受服務內容（只需調整或輔導項目）：

目前適應狀況：

融合之愛系列 67006

犀犀的煩惱：學習手冊

作　　者：孟瑛如、王銘涵

執行編輯：高碧嶸

總　編　輯：林敬堯

發　行　人：洪有義

出　版　者：心理出版社股份有限公司

地　　址：231 新北市新店區光明街 288 號 7 樓

電　　話：(02) 29150566

傳　　真：(02) 29152928

郵撥帳號：19293172　心理出版社股份有限公司

網　　址：http://www.psy.com.tw

電子信箱：psychoco@ms15.hinet.net

駐美代表：Lisa Wu（lisawu99@optonline.net）

排　版　者：龍虎電腦排版股份有限公司

印　刷　者：辰皓國際出版製作有限公司

初版一刷：2016 年 3 月

全套含繪本及學習手冊，定價：新台幣 250 元

學習手冊可單獨添購，定價：新台幣 50 元

眼睛看不見的犀犀，有一群熱情的好朋友，不過這些
朋友卻常幫了倒忙！讓我們一起來看視障犀犀跟他的
朋友們發生了什麼事？犀犀的真正需求又是什麼呢？

心理出版社網站
http://www.psy.com.tw

ISBN 978-986-191-713-9

9789861917139

（全套含繪本及學習手冊）